ANALISI DEL LIBRO

I gentili
• • • • • • • • • • • • • • • •

JONATHAN LITTELL

ANALISI DEL LIBRO

Scritto da Tram-Bach Graulich
Tradotto da Sara Rossi

I gentili

Jonathan Littell

JONATHAN LITTELL

SCRITTORE FRANCO-AMERICANO

- **Nato a New York nel 1967**
- **Opere degne di nota:**
    - *I gentili* (2006), romanzo
    - *Le Sec et l'Humide* (2008), romanzo
    - *Récit sur rien* (2009), romanzo

Jonathan Littell è nato a New York nel 1967 da una famiglia ebrea di origine polacca. Dopo aver vissuto a lungo in Francia, dove ha conseguito il *baccalauréat* nel 1985, ha frequentato la Yale University e si è laureato in arte e letteratura. In seguito ha viaggiato molto, in particolare nei Balcani, in Afghanistan e in Africa. Fin dall'infanzia è stato ossessionato dalle atrocità dell'Olocausto e della Seconda guerra mondiale e nel 2001 ha iniziato a scrivere il suo primo romanzo, *The Kindly Ones*. Il romanzo è stato pubblicato nel 2006 e, nonostante sia molto controverso, ha ricevuto il *Prix Goncourt* e il *Grand Prix du Roman de l'Académie Française* (due dei più prestigiosi premi letterari francesi).

I GENTILI

UN LIBRO AVVOLTO DALLO SCANDALO

- **Genere:** romanzo
- **Edizione di riferimento:** Littell, J. (2010) *The Kindly Ones*. Trans. Mandell, C. Londra: Vintage
- **Prima edizione:** 2006
- **Temi:** Seconda guerra mondiale, nazismo, Olocausto, sessualità, fantasia, morte

Evento della stagione letteraria francese 2006, *I gentili* è stato oggetto di una campagna promozionale piuttosto aggressiva e di un pizzico di scandalo, che hanno contribuito in modo significativo al suo successo. Raccontando le memorie fittizie di un ex ufficiale delle SS durante la Seconda Guerra Mondiale, il romanzo è unico nel suo genere in quanto presenta le atrocità della guerra dal punto di vista degli aguzzini. *The Kindly Ones* è un romanzo ricco di riferimenti culturali e sono state fatte molte analisi dell'opera. Sebbene sia stato ampiamente criticato, in particolare per il suo presunto stile crudo e barbarico o per il suo aspetto documentaristico, ha ricevuto anche elogi.

SINTESI

La storia inizia nel 1941. Il tenente delle SS (*Obersturmführer*) Max Aue si trova in Ucraina con un esercito la cui missione è eliminare tutto ciò che è potenzialmente pericoloso dietro le linee del fronte. In realtà, gli obiettivi principali dell'esercito sono le comunità ebraiche, che vengono regolarmente fucilate nelle foreste. Il 10 ottobre, giorno del suo compleanno, Aue viene promosso. Alla fine dell'anno viene mandato a riposare in un sanatorio in Crimea.

Viene quindi inviato in missione come informatore nel Caucaso ma, in seguito a un disaccordo ideologico e a sospetti sulla sua sessualità, viene mandato a combattere a Stalingrado (Mosca).

STALINGRADO – BERLINO (DICEMBRE 1942 – INIZIO 1943)

Aue arriva a Stalingrado la vigilia di Natale del 1942. Incontra Thomas, un vecchio amico, nel caos più inimmaginabile: a intervalli regolari, Stalingrado viene colpita dalle bombe, il terreno è così ghiacciato che è impossibile seppellire i morti e i soldati sono infestati dai pidocchi. Inoltre, i sovietici trasmettono, attraverso gli altoparlanti, messaggi di propaganda e musica che mirano a deprimere i soldati tedeschi. Spesso colpito da diarrea, Aue inizia a "cagare" ovunque e, tra un attacco e l'altro di diarrea, fantastica sulla sorella Una. Un giorno esplode una bomba che fa volare Thomas. Afferrandosi alle viscere in aria, sopravvive miracolosamente rimettendo insieme le budella. Quando, sopraffatto dalle allucinazioni, Aue vede la sorella fidanzata con un nano in un corteo nuziale, la storia sconfina nella fantasia. Durante un attacco russo, un proiettile gli trapassa la testa.

Aue si risveglia all'inizio del 1943, in un ospedale di Berlino. Dopo essere stato colpito da un proiettile, viene promosso e insignito della Croce di Ferro. A marzo, il dottor Mandelbrod, una figura influente che conosceva il padre e il nonno di Aue, lo invita a casa sua. In seguito rivede la sorella Una, ormai sposata. Durante la loro infanzia si divertivano a fare giochi sessuali, motivo per cui lui continua a fantasticare su di lei, ma lei gli dice che "il passato è passato" (p. 484): ora ama suo marito.

Aue è molto risentito nei confronti della madre, che ha lasciato il padre. Decide comunque di andare in Francia a trovarla, così come Moreau, il suo patrigno. Nella loro casa vivono due gemelli la cui presenza lo preoccupa, e a ragione: una mattina, quando si alza, trova i corpi di Moreau, ucciso con un'ascia, e di sua madre, strangolata. I gemelli sono scomparsi e i suoi stessi vestiti sono ricoperti di sangue.

AUSCHWITZ-BIRKENAU (1943 – INIZIO 1945)

Aue viene nominato, grazie ai suoi legami con Mandelbrod, nella cerchia ristretta del *Reichsführer* Himmler, il comandante delle SS, e lavora quindi alla *Endlösung* (la "Soluzione Finale"). Inviato a visitare i campi di Majdanek e Auschwitz-Birkenau, scopre la realtà dei *Lager*: gli ebrei sono ammassati in baracche sporche e sottoposti a condizioni igieniche terribili. Quando volevano gasare coloro che non erano in grado di lavorare, facevano loro credere che avrebbero fatto una doccia. Inoltre, la corruzione è ovunque. Quando torna a Berlino, Aue viene messo a capo di un ufficio specifico per il cibo nei campi, il cui compito è quello di aumentare la produttività dei campi aumentando leggermente i costi del cibo degli *Häftlinge* (prigionieri).

Con l'avanzata dei russi, i tedeschi sono costretti a evacuare i campi di concentramento nel dicembre 1944: Aue contribuisce all'evacuazione di Auschwitz, che avviene in condizioni spaventose.

Nel frattempo, un'ordinanza del tribunale lo ha dichiarato innocente per gli omicidi della madre e del patrigno, ma due agenti di polizia, Clemens e Weser, si ostinano a dargli la caccia: finiranno per trovarlo più tardi. Quando la guerra sembra persa per la Germania, all'inizio del 1945, Aue si congeda e si ritira nel maniero del marito di sua sorella Una, in Pomerania.

IL MANIERO (1945)

La casa padronale è vuota quando arriva. Si sistema lì e inizia a immaginare conversazioni immaginarie con la sorella e il marito. A poco a poco, sempre più intossicato, cade in una sorta di trance e vede in sogno la sorella con l'interno coscia sporco di escrementi. Immaginando di fare l'amore con lei, si masturba sul letto matrimoniale e, godendo nell'immaginarsi da solo nella casa padronale con la sorella, finisce per andare in giro nudo. Infine, in un delirio transessuale, si rade tutto il corpo e, diventato così Una, si masturba di nuovo: "I nostri corpi sono identici, volevo spiegarle" (p. 896).

In giardino, vede il fantasma di una ragazza impiccata che aveva visto brevemente in Ucraina. Cercando di strangolarsi nella pineta con una cintura, ha un ultimo orgasmo e inizia a piangere.

Nel frattempo, il suo congedo è scaduto e i russi invadono la Germania. Una mattina, Thomas si reca al maniero per cercarlo. Durante il viaggio verso Berlino, i due sfuggono più volte alla morte per un soffio. La capitale è nel caos più totale. Nell'aprile 1945, il Führer consegna personalmente ad Aue il suo premio ma, senza alcun motivo apparente, Aue si pizzica il naso come se fosse un bambino che si comporta male. Viene arrestato dopo essere stato picchiato, ma riesce a fuggire in seguito all'esplosione di una bomba. Tuffandosi in un ingresso della metropolitana, si imbatte in Clemens e Weser, che lo ritengono ancora colpevole dell'omicidio della madre e del patrigno. Aue riesce comunque a fuggire grazie a una sparatoria che ha inizio nella metropolitana. Dopo aver visto Mandelbrod per l'ultima volta, entra nello zoo di Berlino, pieno di animali morti sparsi per terra. Clemens, che lo ha seguito, appare all'improvviso, pronto a giustiziarlo, ma Thomas arriva e lo uccide. Mentre si china sul corpo del poliziotto per derubarlo, Aue gli rompe il cranio con una spranga di ferro. Poi guarda nel vuoto della sua vita: "Sentivo tutto insieme il peso del passato, il dolore della vita e della memoria inalterabile […]. I Gentili mi stavano addosso" (p. 975).

Molti anni dopo, Aue decide di scrivere i suoi ricordi, soprattutto "per ammazzare il tempo" e "per vedere se [poteva] ancora provare qualcosa" (p. 12). Elabora la macabra somma del numero di vittime della guerra in URSS e dell'Olocausto, che dà un totale di 26,6 milioni di morti. "Chi uccide è un essere umano, proprio come chi viene ucciso", afferma, "è questo che è terribile. [...] Sono un uomo come gli altri uomini, sono un uomo come voi" (p. 24).

STUDIO DEL CARATTERE

IL NARRATORE (MAX AUE)

Il suo status è difficile da definire. È il personaggio principale della storia, ma è comunque avvolto nel mistero.

- Gli altri personaggi lo vedono come un uomo freddo e arrogante. La sua stima è dovuta al rigore nel lavoro e all'onestà intellettuale. Motivato da una profonda fede nel nazionalsocialismo, le sue conoscenze generali sono altrettanto impressionanti. Ad esempio, parla correntemente il greco antico.

- Il suo ruolo nella trama è per lo più di osservatore. Per la maggior parte del tempo, osserva e commenta tutto ciò che si svolge intorno a lui senza parteciparvi, o partecipandovi solo in minima parte. In "Allemandes I e II", diventa un ufficiale di collegamento ("Osservo e non faccio nulla, è la mia posizione preferita", p. 252) e scrive rapporti. In "Menuet (en Rondeaux)", il suo ruolo nello sterminio degli ebrei è puramente amministrativo.

- Anche se non partecipa pienamente all'azione, è comunque il personaggio principale. Tutto ciò che accade ci viene presentato dalla sua prospettiva. Il suo personaggio è quindi solo un punto di vista, ma un punto di vista centrale che condiziona tutta l'azione. Il suo nome, Max Aue, è minimalista (tre sillabe) e viene pronunciato molto raramente nel romanzo, il che illustra chiaramente il suo status narrativo.

SUA SORELLA (UNA)

Per quanto riguarda gli eventi storici, Aue si limita a essere una prospettiva, un punto di vista. Tuttavia, è il protagonista di una storia personale (un romanzo familiare) che si sovrappone al romanzo storico. È innamorato di sua sorella, Una, "l'Unica".

Obiettivamente, non sappiamo molto di Una, se non dalla prospettiva del narratore. Durante l'infanzia, i due hanno praticato giochi sessuali che, una volta scoperti, li hanno portati a essere separati e mandati in collegi diversi. All'epoca di *The Kindly Ones*, il narratore è ancora innamorato di lei, mentre Una ha messo una pietra sopra il suo passato e si è sposata.

Per il narratore, questa relazione incestuosa è legata a un vago desiderio di ermafroditismo, di non differenziare i sessi, qualcosa a cui l'infanzia è la cosa più vicina. Vuole *essere* sua sorella. Le sue relazioni omosessuali si conformano a questo desiderio di diventare un tutt'uno con lei, di sentire ciò che lei sente.

L'ideologia nazista si basava sui principi della razza e sulla convinzione della "purezza del sangue". Pertanto, l'unica unione legittima poteva essere quella tra tedeschi di razza ariana, al fine di preservare la purezza della razza. La malsana collaborazione tra Aue e Una illustra la perversione di questa ideologia.

LA MADRE E IL PATRIGNO

Mentre Max Aue è innamorato della sorella, nutre un odio profondo per la madre che, ai suoi occhi, ha abbandonato il padre per sposare un altro uomo, un francese di nome Aristide Moreau.

In "Sarabande", Aue si sveglia scoprendo che la madre e il patrigno sono stati uccisi. In "Gigue", sembra essere definitivamente riconosciuto come l'autore di questi omicidi.

Le "Gentili" sono in realtà delle dee della mitologia greca, le Erinni, il cui ruolo è quello di proteggere l'ordine della città e di dare la caccia agli autori di crimini contro le loro famiglie.

In questo senso, il personaggio del narratore è più vicino a quello di Oreste. Dopo la guerra di Troia, Oreste torna ad Atene dove sua madre, Clitennestra, ha ucciso il marito Agamennone con l'aiuto del suo nuovo amante, Egisto. Per vendicare la morte del padre, Oreste uccide la coppia colpevole e viene seguito dalle famose Erinni ma, in seguito all'intervento della dea Atena, si salva. Le Erinni rinunciano alla loro ira e vengono chiamate "Gentili". In questo romanzo troviamo quindi una trasposizione del mito di Oreste.

I SUOI ALTER EGO

Diversi personaggi fanno parte della "cerchia ristretta" del narratore. Sono quasi delle caricature e di conseguenza non sono molto credibili (questa è stata anche una delle critiche ricevute dal romanzo). L'uso della caricatura, tuttavia, è pianificato.

- Thomas Hauser sembra essere uno degli amici del narratore, anzi il suo migliore amico. Mentre Aue è freddo e distante, Thomas incarna la gioia di vivere: conosce tutti i locali migliori di Berlino e ha una vita sociale maniacale. Salva più volte la vita del narratore.

- Il dottor Mandelbrod, insieme al suo socio Herr Leland, è una sorta di padrino per Aue. Avendo conosciuto suo padre e suo nonno, lo aiuta nella sua carriera, in particolare presentandogli personaggi influenti. Obeso e costretto a muoversi su una sedia a rotelle, il dottor Mandelbrod è costantemente circondato da gatti, nonostante sia allergico a essi.

- Clemens e Weser sono due poliziotti che indagano sul crimine commesso dal narratore. Anche se Aue viene scagionato da ogni sospetto, Clemens e Weser continuano a dargli la caccia e a credere che sia colpevole. Sono due caricature inseparabili.

Questi personaggi, tutti poco credibili, persino assurdi o praticamente fantastici, sono come aspetti della personalità del narratore. Come abbiamo visto, è un personaggio senza sostanza, una prospettiva. Al contrario, Thomas rappresenta il suo lato luminoso, quello della forza vivificante e del desiderio di vivere; Clemens e Weser incarnano il suo lato oscuro, quello della colpa e della vergogna; infine, il dottor Mandelbrod e il suo socio, Herr Leland, rappresentano la sua sete di successo professionale.

ANALISI

IL NAZIONALSOCIALISMO: UNA RELIGIONE POLITICA

Il nazionalsocialismo (nazismo) può essere definito come una vera e propria religione politica, basata sull'idea di razza.

In larga misura, la loro politica era strettamente legata alla biologia ("Una politica deve essere biologica o non esistere", p. 91). Così Eichmann, in un discorso tenuto a Budapest e ripreso nel "Menuet (en rondeaux)", parla della "cellula batterica" della rigenerazione ebraica e sostiene che la lotta della Germania prolunga quella iniziata da Koch e Pasteur, il che suggerisce l'idea di un vaccino contro la malattia dell'ebraismo. Le teorie di Darwin vengono applicate anche agli esseri umani: come per le specie animali, solo le razze più forti sopravvivono (in particolare la razza ariana) mentre le più deboli periscono (in particolare la razza ebraica). Il nazionalsocialismo era quindi allo stesso tempo un'ideologia politica, una religione e una filosofia sostenuta da argomenti pseudoscientifici.

NAZIONALSOCIALISMO, BOLSCEVISMO ED EBRAISMO

The Kindly Ones è ricco di riflessioni sulla filosofia politica, spesso sotto forma di dialoghi.

- In "Courante", un prigioniero bolscevico rivela al narratore l'idea abbastanza originale che, al livello di base, il nazionalsocialismo e il comunismo bolscevico sono identici nei loro principi:

  - mentre il comunismo immagina una società senza classi (cioè una società egualitaria in cui non esiste più la distinzione tra classi sociali superiori e inferiori, né tra ricchi e poveri), il nazionalsocialismo predica una società ariana, purificata dalle razze inferiori;

  - al livello di base, le due ideologie si basano sullo stesso principio: il determinismo (l'uomo non sceglie il proprio destino, ma è determinato dalla storia e dalla natura). Esistono, di conseguenza, "categorie di esseri umani [che] possono e devono essere legittimamente eliminate, non per ciò che hanno fatto o anche solo pensato, ma per ciò che sono" (p. 395). Si tratta della razza inferiore nel nazismo e della classe media nel bolscevismo;

  - alla fine, il principio di queste due ideologie è lo stesso, solo il contenuto è diverso: la classe da un lato, la razza dall'altro. Determinismo di classe contro determinismo razziale.

- Ancora più originale è l'idea sviluppata nel corso del romanzo secondo cui l'ebraismo è, al livello di base, molto vicino al nazionalsocialismo (e quindi al comunismo). Per i tedeschi e i russi, secondo i loro concetti di razza o di classe, l'individuo isolato non conta nulla; solo la nazione, il *Volk*, ha senso. Allo stesso modo, grazie ai loro costumi "anche gli ebrei avevano questo forte sentimento di comunità, di Valle"; questa "era la ragione per cui erano i nostri nemici privilegiati, ci assomigliavano troppo" (p. 102).

Queste riflessioni vogliono illustrare la grande fraternità umana che prevale tra gli uomini, nonostante le loro etichette e, di conseguenza, l'assurdità della razza. Un uomo è sempre un uomo, nonostante le sue ideologie.

LA BUROCRATIZZAZIONE DEL MALE

Lo sterminio degli ebrei per mano della Germania nazista ha giustamente sconvolto il mondo intero. Fu davvero un genocidio (sterminio intenzionale e sistematico di una comunità umana). Tuttavia, come sottolinea il narratore, il genocidio degli ebrei non è stato l'unico nella storia. Egli cita anche il genocidio dei nativi americani durante la conquista dell'America (XIX secolo), ma potremmo citarne altri, come il genocidio degli armeni in Turchia (1915-1916).

Tuttavia, ciò che spicca del genocidio ebraico durante la Seconda Guerra Mondiale, oltre al numero di vittime (tra i 5 e i 6 milioni), è senza dubbio il metodo e il rigore utilizzato dai tedeschi per raggiungere i loro obiettivi. I campi di concentramento funzionavano come vere e proprie aziende, soggette a una rigorosa amministrazione. Nel "Menuet (en rondeaux)", la "Soluzione Finale" è concepita esclusivamente in termini commerciali. È una questione di "produzione", "costi", "contratti" o "profitto". Così, il narratore afferma che l'aumento dei costi di manutenzione di una piccola quantità potrebbe portare a significativi aumenti di produttività. In seguito, si discute sul numero esatto di calorie da fornire ai prigionieri.

In sintesi, lo sterminio degli ebrei, come vediamo chiaramente nel romanzo, fu gestito in modo freddo e burocratico, in termini di cifre e somme. Invece di dire che il nazionalso-cialismo ha reso il male banale, potremmo dire che ha completamente burocratizzato il male. La profonda atrocità di questo genocidio risiede in questo fatto. I nazisti non erano tutti criminali o geni del male; per lo più erano solo burocrati che facevano il loro lavoro, come Eichmann, che fu demonizzato dopo la guerra.

IL TONO ONNIPRESENTE DELLA "SCATOLOGIA"

La scatologia (riferimenti agli escrementi) è centrale in *The Kindly Ones* ed è spesso associata al sesso. Gli escrementi compaiono spesso nei sogni o nelle fantasie del narratore. In uno dei suoi sogni, il narratore vede un amico, Voss, "a quattro zampe, con il posteriore scoperto", con una "merda liquida" che sgorga dal suo ano; poi, nonostante i suoi tentativi di asciugare il liquido, questo scorre liberamente e riesce a "sporcargli le mani" (p. 305). In un altro sogno, vede sua sorella indossare un vestito bianco, con escrementi neri che trapelano dal tessuto. La scatologia sembra quindi avere due funzioni nel romanzo:

- da un lato, rappresenta la "merda" in cui si è cacciata la Germania nazista. Il nazionalsocialismo è una religione politica in cui è stato coinvolto un intero popolo e che, per la sua natura di misticismo e totalità, ha reso impossibile tornare indietro. In un certo senso, nessuno aveva le mani pulite. L'immagine della "merda" illustra con forza l'invischiamento dei tedeschi in Russia e la puzza della sconfitta;

- d'altra parte, e da una prospettiva più intima, l'escremento è come una macchia. Rappresenta tragicamente la perdita dell'ermafroditismo originario (la non distinzione dei sessi), a cui l'infanzia è la cosa più vicina, e l'oppressività dei corpi adulti, divisi tra uomini e donne.

LA MUSICA DELL'ATROCITÀ

Anche la musica è onnipresente in *The Kindly Ones*. È fugace, ma si trova in tutte le parti del romanzo e a tutti i livelli. La sua presenza prepotente rivela la natura assurda della guerra e, più profondamente, la natura assurda della condizione umana. I momenti più puri della musica accompagnano le scene di omicidio più sanguinose, ed è da qui che nasce la sensazione di assurdità. L'arte sembra incapace di migliorare la realtà.

In "Toccata", il narratore esprime il suo profondo rammarico per non saper suonare il pianoforte. In "Allemandes I e II", la sua unità militare adotta un orfano ebreo di nome Yakov, che si rivela un prodigio del pianoforte ("dita come quelle scusano tutto, anche l'essere ebreo", p. 92), ma che alla fine verrà giustiziato in seguito a un incidente che gli schiaccia la mano. In "Courante", tra le rovine di Stalingrado, un soldato tedesco ascolta i nastri appartenuti a un bolscevico appena ucciso ("Doveva essere un appassionato di musica, il nostro amico", p. 408). In "Menuet (en rondeaux)", il narratore si reca a una riunione a casa di Eichmann, dove quest'ultimo suona un quartetto di Brahms con altri soldati delle SS. In "Gigue", il narratore spara un proiettile in testa a un vecchio che sta suonando *L'arte della fuga* su un organo in una chiesa in rovina.

Inoltre, i titoli dei vari capitoli sono nomi di danze tradizionali della *Partita*, un genere generalmente prediletto da Bach. L'*allemande* è una danza lenta in tre tempi, la *gigue* è una danza veloce e sfrenata, spesso in struttura fugata, la *sarabande* è una danza solenne e seria, ecc. Lo scarto tra i titoli dei capitoli e il loro contenuto contribuisce all'ironia tragica e crudele dell'opera.

ULTERIORI RIFLESSIONI

ALCUNE DOMANDE SU CUI RIFLETTERE...

- Come è originale il punto di vista utilizzato in *The Kindly Ones* rispetto ad altri scritti sulla Seconda guerra mondiale e sull'Olocausto in particolare? Confrontate *The Kindly Ones* con *Death is My Trade* di Robert Merle.

- Perché, secondo voi, il romanzo ha suscitato una reazione così feroce quando è stato pubblicato?

- In che modo il tema dell'omosessualità è rivelatore dell'ideologia nazista e della sua natura perversa?

- Che cosa caratterizza il narratore Aue, il personaggio principale di *The Kindly Ones*? Quali altri narratori famosi della letteratura vi ricordano Aue? Perché è stato prontamente paragonato a Marcel, il narratore di *Alla ricerca del tempo perduto* di Proust?

- Indicate i passaggi e i personaggi che sono esempi di fantasia o di assurdo. Quali ruoli giocano Thomas, il dottor Mandelbrod, Clemens e Weser rispetto al narratore? Individuate il legame con Kafka (temi della colpa, dell'erotismo, delle macchie, ecc.).

- Tra le tante riflessioni filosofiche, indicate i parallelismi (o le somiglianze) che si stabiliscono tra il nazionalsocialismo e il bolscevismo. Cosa vi suggeriscono questi parallelismi in termini di etica e filosofia umana?

- La durezza del romanzo, in particolare l'onnipresenza degli escrementi, ha un'altra funzione nel romanzo, oltre a quella di scioccare?

- Identificate i riferimenti alla mitologia greca (in particolare nel titolo e attraverso il personaggio di Aue). Secondo voi, perché Littell ha introdotto questi riferimenti all'antichità?

- Fino a che punto possiamo dire che i nazisti hanno "burocratizzato" il male?

- Che cosa suggerisce il tema della musica nel romanzo, in termini di effetto drammatico e di riflessione filosofica? Costituisce un contrasto con la durezza della guerra? Quale altro romanzo sulla Seconda guerra mondiale vi ricorda?

ULTERIORI LETTURE

EDIZIONE DI RIFERIMENTO

Littell, J. (2010) *I gentili*. Trans. Mandell, C. Londra: Vintage.

STUDI DI RIFERIMENTO

Clément, M. L. (a cura di) (2010) Les Bienveillantes *de Jonathan Littell*. Cambridge: Open Book Publishers.

Vogliamo sapere da voi!
Lasciate un commento sulla vostra biblioteca online
e condividete i vostri libri preferiti sui social media!

www.50minutes.com

Master ISBN: 9782808690386
ISBN cartaceo: 9782808611787
Deposito legale: D/2023/12603/1458

Copertura: © Primento

Concezione digitale a cura di Primento, il partner digitale degli editori.